AF466300

ÉTUDE

SUR

LES SANTALACÉES

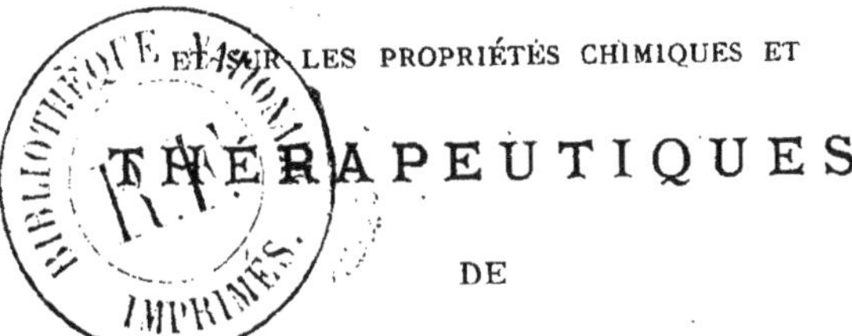

ET SUR LES PROPRIÉTÉS CHIMIQUES ET

THÉRAPEUTIQUES

DE

L'ESSENCE DE SANTAL CITRIN

Par GEORGES DURAND

DOCTEUR EN MÉDECINE,

PHARMACIEN DE PREMIÈRE CLASSE.

> Il n'y a pas une seule plante sur la terre qui n'ait quelques rapports avec les besoins de l'homme, et qui ne serve quelque part à son vêtement, à son toit, à ses plaisirs, à ses remèdes.....
>
> (BERNARDIN DE SAINT-PIERRE, *Etudes sur la Nature*, p. 337).

BLOIS

IMPRIMERIE J. MARCHAND, RUE HAUTE, N° 2.

1874

LE Travail que nous avons l'honneur de présenter n'a pas la prétention d'être une œuvre originale ni une étude complète du groupe végétal désigné sous le nom de *Santalacées*. Notre but est plus modeste : résumer en quelques pages les travaux publiés sur ces végétaux, et particulièrement sur ceux appartenant au genre *Santalum;* remonter autant que possible à la véritable source des différents bois qu'ils fournissent à la matière médicale ; rechercher, à l'aide du microscope, des caractères précis qui permettent d'en déterminer exactement la structure et peut-être même l'origine ; examiner les propriétés chimiques et thérapeutiques d'un de leurs produits, l'*essence de Santal citrin* ; telle est la tâche que nous nous sommes imposée.

Notre étude pourra paraître bien incomplète, le nombre d'observations personnelles que nous apportons bien minime ; mais nous comptons sur toute l'indulgence de nos lecteurs, car nous croyons avoir fait un travail utile. S'il ne nous a pas été donné de jeter sur le sujet que nous avons entrepris de traiter toute la lumière désirable, du moins avons-nous la conscience d'avoir fait tous nos efforts pour élucider cette question peu étudiée encore; d'autres, plus autorisés que nous, pourront la reprendre et la compléter; puissent nos recherches leur être de quelque utilité.

Nous avons divisé ainsi notre travail :

Dans une première partie nous donnerons l'historique, les caractères botaniques, la distribution géographique des Santalacées;

La deuxième partie sera consacrée à l'étude des divers bois de Santal que l'on trouve dans le commerce;

La troisième partie portera sur l'examen chimique de l'essence de Santal citrin;

La quatrième partie enfin sera réservée aux applications thérapeutiques de cette essence.

PREMIÈRE PARTIE

DES SANTALACÉES

Les plantes désignées sous ce nom ont été successivement rangées parmi les Caprifoliacées, les Eléagnées, les Onagrariées; ce n'est qu'en 1810 que Robert Brown les groupa en une seule famille à laquelle il donna le nom de *Santalacées*.

Cette famille établie et décrite par ce savant botaniste (1), a été étudiée tour à tour par Reichenbach (2), [1820], par Bartling (3), par Endlicher (4), par Lindley (5), par De Candolle, [1862] (6). Peut-être n'aura-t-elle qu'une existence éphémère; car depuis quelques années M. Baillon, dont l'opinion est une autorité dans la science, en fait un sous-ordre de la famille des Loranthacées (7), prétendant que les caractères sur lesquels on

(1) Prod, Nov. Holl. 350.
(2) Reichb. Comp. 78.
(3) Ord. nat. 112.
(4) Gén. Plant. 325.
(5) Veget. Kingd. 728.
(6) Prod. System. XIV, 619.
(7) Adansonia, IX. 2.

se fonde pour en faire une famille distincte, sont beaucoup trop peu importants. On ne s'appuie en effet que sur l'ovaire et sur la disposition des ovules dans la loge ovarienne, pour séparer les uns des autres des types qui concordent par tous les autres traits de leur organisation, pour distraire les Santalacées (1) de la famille des Loranthacées (2). Ce caractère différentiel est-il suffisant et a-t-on pu raisonnablement se baser sur lui seul pour établir une famille nouvelle ? Nous n'avons pas à nous prononcer sur ce point ; nous laissons à d'autres le soin de trancher cette question.

Quoiqu'il en soit, que l'on considère l'ensemble des plantes dites *Santalacées* comme une famille à part, ou qu'on en fasse avec M. Baillon un sous-ordre des Loranthacées, voici les principaux caractères botaniques qu'on peut attribuer à ces végétaux :

Plantes souvent parasites et vivant sur les racines (*Thesium, Osyris*), ou sur les branches d'autres végétaux à la manière du gui (*Henslowia*), herbacées, sous-frutescentes, frutescentes, ou grands arbres.

Feuilles privées de stipules, alternes, rarement opposées (*Santalum*) ;

Fleurs, le plus souvent hermaphrodites, quelquefois dioïques (*Osyris*), petites, solitaires, ou disposées en épis, en sertules, en thyrses ;

Périanthe adhérent avec l'ovaire infère, à 5 (*Quinchamalium, Thesium*), 4 (*Osyris, Santalum*), quelquefois 3 divisions (*Osyris*) :

Préfloraison ordinairement valvaire ;

Disque généralement épigyne ;

(1) *Santalacées :* Ovaire infère, à une seule loge, contenant 2, 3 ou 4 ovules pendants du sommet d'un trophosperme filiforme, s'élevant du fond de la loge ovarienne.

(2) *Loranthacées :* Ovaire infère à une seule loge, contenant un seul ovule.

Etamines, 4 (*Santalum*), 5 (*Quinchamalium, Thesium*), rarement 3 (*Osyris*), opposées aux divisions du périanthe et insérées à leur base;

Ovaire infère ou semi-infère, à une seule loge, formé généralement par la réunion de trois feuilles carpellaires et contenant 2 (*Santalum*), 3 ou 4 ovules (*Osyris*) pendants du sommet d'un trophosperme filiforme s'élevant du fond de la loge ovarienne;

Style simple;

Stigmate 2-3-4 lobé;

Fruit indéhiscent, monosperme, quelquefois légèrement charnu : nucule monosperme (*Quinchamalium*), noix monosperme (*Thesium*), baie ou drupe (*Osyris, Santalum*),;

Graine à embryon axile contenu dans un albumen charnu.

Si l'on compare ces caractères que nous venons d'indiquer à ceux de la famille des Loranthacées, on trouve les plus grandes ressemblances et les plus grandes analogies. « Une Santalacée, dit M. Baillon, est une Loranthacée dont l'ovule ou les ovules, au lieu d'être dressés sur un support court ou à peu près nul dans le fond de la loge ovarienne, sont au contraire soutenus par un placenta plus long, quelquefois même extrêmement allongé, et s'insérant à une hauteur variable de cette colonne saillante en descendant plus ou moins obliquement dans l'intérieur de la cavité ovarienne. » (1)

Très voisines des Eléagnées, dont l'ovaire est libre, uniloculaire, contenant un seul ovule, ascendant, pedicellé, les Santalacées ont aussi les plus grands rapports avec les Onagra-

(1) Adans. IX. 2.

riées (1), les Combretacées (2) et les Olacinées (3), petite famille formée aux dépens des Aurantiacées, et que M. Baillon place aussi parmi les Loranthacées, à côté des Santalacées.

Nous avons, dans la description de la fleur des Santalacées, parlé d'un *périanthe* à 5, 4, et quelquefois même 3 divisions seulement. Quelle est la nature de ce périanthe? Est-ce un calice? est-ce une corolle? La réponse est assez embarrassante; il est, du reste, peu de questions qui aient été plus controversées que celle-là. Nous n'entreprendrons pas de la discuter de nouveau; nous nous contenterons de relater simplement les opinions des différents botanistes qui se sont occupés de ce sujet.

Les vieux auteurs qui ont étudié la fleur des Santalacées lui décrivent un *perigonium* à plusieurs divisions, sans déterminer la nature exacte de cette enveloppe florale; plus tard vinrent Decaisne et Planchon, qui se prononcèrent pour l'existence d'un calice (4). Cette opinion, admise tout d'abord, fut peu après mise en doute par Miers (5) [1854], qui pensa qu'on devait considérer ce périanthe unique non pas comme un calice, mais bien comme une corolle. L'étude de la fleur femelle du Buckleya rallia bientôt De Candolle à cette théorie (6); dans cette fleur, en effet, il trouva deux verticilles floraux, parfaitement distincts, l'un intérieur, absolument semblable à celui unique dans les fleurs mâles; l'autre extérieur, composé d'organes foliacés, développés, bien différents des bractées, et qu'il reconnut être un véritable calice.

(1) *Onagrariées :* ovaire infère 4-5 loges contenant un assez grand nombre d'ovules attachés à leur angle interne; corolle 4-5 pétales, manquant rarement.

(2) *Combretacées :* ovaire infère, uniloculaire, à plusieurs ovules pendants du sommet de la loge; graines sans endosperme, corolle polypetale dans quelques genres.

(3) *Olacinées ;* ovaire libre, quelquefois à plusieurs loges, contenant 2 ou 3 ovules attachés à leur partie supérieure, corolle 4-6 pétales.

(4) Bull. Soc. Bot. Franc., t. II. 86.

(5) Contrib. to Bot. 1854.

(6) Arch. des sc. phys. et nat. de Genève, 1857.

Mais, il faut bien le reconnaître, toutes les raisons que donnaient ces différents auteurs pour soutenir leurs affirmations réciproques n'étaient pas très concluantes ; le doute était encore permis. Ce n'est qu'en 1862 que cette question fut définitivement tranchée par M. Baillon, qui donna raison à Miers et à De Candolle.

Se fondant sur ce principe de Payer que *la nature des organes est déterminée exclusivement par leur mode de développement et leur position*, M. Baillon étudia avec la plus scrupuleuse attention les fleurs du Santalum album et du Thesium humifusum, depuis les premiers moments de leur existence, c'est-à-dire dans le bouton même, jusqu'à leur complet développement ; ses patientes recherches l'amenèrent à cette conclusion : *le périanthe des Santalacées est une véritable corolle*.

Voici les deux raisons concluantes qu'il en donne (1) :

1° Nous avons vu les folioles du périanthe apparaître simultanément ; c'est ainsi que naît la corolle dans toutes les plantes à fleurs régulières appartenant à des types analogues aux Santalacées. Dans toutes, les pièces du calice naissent au contraire d'une manière successive.

2° Les folioles du périanthe sont situées au début, dans les deux types que nous avons étudiés, de telle façon qu'il y en a toujours deux du côté de l'axe, quel que soit leur nombre total, et deux ou trois du côté de la bractée axillante.

Cette situation est celle des pièces d'une corolle, car un calice aurait normalement un sépale postérieur, à moins d'exceptions rares, telles que la résupination de la fleur, qu'on n'a aucun motif de supposer dans des fleurs régulières comme celles de nos Santalacées.

Presque toutes exotiques, les Santalacées sont répandues

(1) Adans. IX. 16.

dans toutes les régions tempérées des deux hémisphères. Inconnues dans l'Amérique et l'Afrique tropicales, on les rencontre au Brésil, au Chili, au Cap de Bonne-Espérance, où elles sont assez communes; on les trouve encore en Asie, en Perse, dans l'Inde, en Cochinchine, dans les îles de l'Océan indien et de l'Océan pacifique, en Australie, à la Nouvelle-Zélande, à Timor, aux îles Marquises, etc. L'Europe en possède quelques espèces; la France une seule, l'*Osyris alba*, qui croît dans le Midi.

Les Santalacées sont des herbes annuelles ou vivaces, des arbrisseaux ou des arbres. Les espèces arborescentes se rencontrent la plupart dans l'Asie et l'Australie tropicales, les frutescentes dans la région méditerranéenne, et la partie tempérée de l'Amérique australe, les herbacées dans sa partie boréale ainsi que dans l'Europe et l'Asie centrale.

M. Baillon fait rentrer dans le sous-ordre des Loranthacées, qu'il appelle *Santalinées*, les Santalacées proprement dites et les Olacinées. Dans les Santalacées proprement dites, il place les genres Santalum, Osyris, Thesium, Quinchamalium, Nanodæa, Arjona, Henslowia, Buckleya, Choretrum, etc.

Nous n'étudierons pas tous ces différents groupes de végétaux, ce serait un travail beaucoup trop long et que ne comporte pas le cadre de cette thèse; nous nous bornerons à la description de l'un d'eux, le *genre Santalum*, qui fait plus spécialement l'objet de cette étude.

GENRE SANTALUM

COMPOSÉ de grands arbres, répandus depuis l'Inde jusqu'à l'Océan pacifique (1).

Feuilles opposées, entières, un peu épaisses, fermes et lisses, sans stipules, plus ou moins ovales, tantôt lancéolées-aigues, tantôt lancéolées obtuses ;

Fleurs hermaphrodites; corolle (2) à 4, rarement 5 divisions, présentant insérées à sa gorge quatre petites écailles ;

Etamines 4, rarement 5 ; filet ligulé ou filiforme ; anthères biloculaires ;

Ovaire semi-infère, uniloculaire ; ovules 2, pendants.

Fruit monosperme, succulent, couronné par le limbe du calice persistant.

(1) Certains auteurs admettent qu'ils sont parasites comme la plupart des Santalacées; ce parasitisme très bien constaté pour les Thesium, les Osyris de nos pays, les Henslowia, les Quinchamalium, soupçonné pour les Arjona à cause de leurs renflements radicellaires terminaux, n'est rien moins que certain pour les Santalum. Et pourtant, l'usage veut qu'on les proscrive pour cette raison de la plupart de nos serres, ou, si on les y admet, qu'on place auprès d'eux une plante au dépens de laquelle ils sont supposés vivre ; le seul individu du genre Santalum qu'il nous ait été donné de voir au Jardin des Plantes, le Santalum lanceolatum est planté auprès d'un troëne.

(2) Conformément à l'opinion de M. Baillon, nous désignerons désormais par le mot corolle le perianthe de la fleur des Santalacées.

Graine à embryon axile contenue dans un endosperme charnu.

Les espèces qui composent principalement ce genre, sont

Le Santalum album, le Santalum myrtifolium, le Santalum freycinetianum, le Santalum lanceolatum, etc.

SANTALUM ALBUM (1)

Le *Santalum album* est un bel arbre ayant le port et la grandeur d'un noyer ; il croît principalement sur les montagnes du Malabar (2).

Ses rameaux (fig. 1, pl. I) sont étalés, droits, presque cylindriques, articulés, dirigés en tous sens, et forment une sorte de tête sphérique.

Ses feuilles, vertes, un peu foncées en dessus, glauques en dessous, sont opposées, lancéolées - obtuses, longues de 6 à 8 centimètres, dépourvues de stipules ; elles sont supportées par un pétiole court ne présentant pas plus de 12 à 15 millimètres ; leur limbe est continu, uni sur ses bords, membraneux, un peu épais, ferme, et présente une nervure médiane très apparente, de laquelle partent de petites nervures secondaires ;

Ses fleurs sont disposées en thyrses axillaires et terminales ; elles sont très petites (fig. 6, pl. I) ; d'abord jaunâtres, au moment où elles commencent à s'épanouir, elles deviennent ensuite d'un rouge foncé ; elles sont inodores ; le pédoncule qui les

(1) Ann. Sc. nat. II. 113.
Linné. Syst. veget. 137.
Rhumphius Amb. II. 42.
Roxburgh. Fl. indica I, 442.
Breyn. Icon. 94.

(2) Malabar (côte de), partie occidentale de l'Inde, en deçà du Gange, au sud de celle de Kanara.

supporte est à peine long de 1 millimètre. Elles sont formées (fig. 5, pl. I) d'une corolle urcéolée, à limbe supère, tombant, offrant quatre divisions un peu triangulaires ; de 4 petites écailles insérées à la gorge de la corolle, alternes avec ses divisions, et qu'on considérait autrefois comme les rudiments d'une corolle ; à l'intérieur on remarque une assez grande quantité de petits poils blancs.

Les étamines au nombre de quatre sont opposées aux divisions de la corolle ; elles sont par conséquent alternes avec les quatre petites écailles (1) ; leur filet est filiforme ; leurs anthères sont ovoïdes, biloculaires, introrses, et s'ouvrent par une fente longitudinale unique ; elles contiennent un pollen légèrement globuleux.

Le disque est concave, à lobes obovés, adhérent avec le fond de la corolle.

L'ovaire est semi-infère, ovoïde, uniloculaire ; il est surmonté d'un style cylindrique et se termine par un stigmate 4-lobé.

A l'intérieur de l'ovaire, on trouve un placenta central, supportant deux ovules pendants.

Le fruit (Fig. 7, Pl. I.) est noir à maturité, succulent, monosperme, tout au plus de la grosseur d'une cerise, couronné par ce qui reste du limbe calicinal.

La graine offre un embryon axile, contenu dans un albumen charnu.

Deux opinions différentes ont été émises au sujet du bois de cet arbre : les uns ont avancé, avec Roxburgh, que son aubier constitue le bois de *Santal blanc*, tandis que sa partie centrale forme le *Santal citrin* ; les autres ont, au contraire, assuré que ces deux sortes de bois proviennent de deux

(1) Le diagramme de la fleur représenté dans la fig. 2, pl. I fait bien voir les rapports des différentes parties qui composent la fleur : *a*, corolle ; *b*, écailles ; *c*, étamines ; *d*, pistil.

espèces différentes. Nous examinerons bientôt et nous discuterons au besoin ces deux opinions, au chapitre consacré à l'étude des bois de Santal.

SANTALUM MYRTIFOLIUM.

Le *Santalum myrtifolium* a été longtemps confondu avec le *Santalum album*; Lamarck (1), Linné (2) l'ont décrit tantôt sous le nom de *Santalum myrtifolium*, tantôt sous celui de *Sirium myrtifolium*; c'est Roxburgh (3) qui l'a définitivement considéré comme un espèce distincte de la précédente.

Natif des montagnes de Circar, sur la côte de Coromandel (4), ce Santalum est plutôt un arbuste qu'un arbre; il ressemble à un myrte tant par son port extérieur que par la forme de ses feuilles; de là le nom qu'on lui a attribué.

Les feuilles sont petites, ovales, lancéolées, presque obtuses à leurs deux extrémités, longues d'environ 5 centimètres, marquées de quelques nervures latérales, réticulées; elles sont opposées, petiolées, tendres, très entières à leurs bords, vertes en dessus, très pâles en dessous.

Les fleurs présentent les mêmes caractères que celles du Santalum album; elles sont petites, disposées en petites grappes à l'aisselle des feuilles terminales; elles ont une corolle à quatre dents aiguës, quatre écailles un peu épaisses, insérées à l'orifice du calice, etc...

Le fruit est encore une drupe mais plus petite que dans l'espèce précédemment décrite; les oiseaux, dit Roxburgh (5), sont

(1) Illust. génér. I. 304.
(2) Système végét., 137.
(3) Roxburgh. Coromandel, I.
(4) Coromandel (côte de), côte orientale de l'Inde.
(5) Roxb. Coromandel, I.

très friands du fruit de cet arbre, ce qui contribue beaucoup à propager cette variété de Santalum.

On attribue généralement au Santalum myrtifolium, le bois de *Santal blanc* décrit par Guibourt (1) sous le nom de *Santal citrin pâle*; cette opinion est aussi celle de Wiggers et Huseman (2); nous verrons plus loin ce qu'il faut en penser.

SANTALUM FREYCINETIANUM.

Le *Santalum Freycinetianum* rapporté des îles Sandwich (3) par M. Gaudichaud, est un arbre qui se rapproche beaucoup du Santalum album; il a été indiqué plutôt que décrit par M. Freycinet, qui donne une très belle figure d'un de ses rameaux dans les planches jointes à son ouvrage (4).

Les feuilles sont lancéolées-obtuses, présentant de nombreuses nervures, cinq fois plus longues que leur pétiole, un peu ampléxicaules.

Ce qui distingue surtout cet arbre de tous les autres Santalum, ce sont ses fleurs opposées, roses, longues de 10 à 12 millimètres; corolle à quatre divisions un peu arrondies, non tombantes; écailles 4; étamines 4, accompagnées à leur base et à leur partie postérieure de nombreux poils; filets courts, soudés à l'union des 2/3 supérieurs et du 1/3 inférieur du dos de l'anthère; style simple, perforé; stigmate 3-lobé.

Wiggers et Huseman (5) prétendent que le Santalum Freycinetianum contribue pour une grande part à la production du bois de *Santal citrin*.

(1) Hist. nat. des Drog., II. 381.
(2) Jahresbericht der pharmac. 1866., p. 42.
(3) Sandwich, l'archipel le plus septentrional de la Polynésie.
(4) Freycinet Voyages, 45.
(5) Jahresbericht der pharmac., 1866.

AUTRES SANTALUM.

Nous ne parlerons que pour mémoire et nous ne dirons qu'un mot en passant des différents autres *Santalum*, tous très peu connus, et dont aucun auteur n'a donné, jusqu'à présent, une description complète, les Santalum ellipticum, ovatum, venonum, oblongatum, obtusifolium, lanceolatum.

Santalum ellipticum : rapporté, avec le Santalum Freycinetianum, des îles Sandwich;

Feuilles ovales-elliptiques, obtuses, trois ou quatre fois plus longues que le petiole, coriaces; grappes axillaires; fleurs jaunes-verdâtres; tige frutescente.

Santalum ovatum : feuilles ovales-aigues, veineuses; tige arborescente.

Santalum venonum : feuilles ovales-oblongues, deux fois plus longues que larges; tige arborescente.

Santalum oblongatum : feuilles étroites oblongues, quatre fois plus longues que larges.

Santalum obtusifolium : feuilles oblongues-ovales, obtuses; tige frutescente.

Santalum lanceolatum : petit arbuste à feuilles très longuement lancéolées, très aigues à leurs deux extrémités (1).

Tous ces végétaux ne sont que mentionnés par les auteurs qui en ont parlé. Il est possible qu'ils concourent plus ou moins à fournir les bois de Santal du commerce; cela est même probable, mais nous ne pouvons, quant à présent, que nous borner à des suppositions. Peut-être un jour aurons-

(1) C'est le seul Santalum qui existe dans les serres du Jardin des Plantes; c'est sur un rameau de cet arbuste que nous avons étudié la structure, et les rapports des différentes parties qui le constituent.

nous l'occasion de nous procurer des échantillons des bois qu'ils produisent, et les comparant à ceux que nous allons étudier plus loin, arriver à leur assigner leur véritable classification.

DEUXIÈME PARTIE

BOIS DE SANTAL

LES arbres que nous venons de décrire fournissent à la matière médicale des bois dits *Bois de Santal*, dont la véritable origine n'est pas encore bien déterminée.

Ces bois étaient inconnus des Grecs et des Romains ; les Arabes en ont parlé les premiers sous le nom de *Sandal,* dérivé de h'lindou *Chandana* ou du malais *Tsjendana.*

Leur odeur forte et aromatique tenant à la fois de la rose et du musc, attira sur eux l'attention ; ils furent recherchés tout d'abord bien plus pour la parfumerie que pour la thérapeutique. En Orient, on brûlait ce bois à cause de son parfum agréable : on le râpait et on en faisait une pâte dont on recouvrait de longues pailles qu'on faisait sécher au soleil, puis brûler lentement

Il passait autrefois pour astringent et cordial ; on l'administrait en décoction dans l'eau ou dans le vin, on l'employait aussi en fumigations ; les vieilles pharmacopées le rangent parmi les sudorifiques; mais, somme toute, il était très peu employé comme médicament et menaçait de tomber complétement dans l'oubli, lorsqu'il y a quelques années, on eut l'idée (1) d'utiliser l'essence qu'on en retire par la distillation dans le traitement de la blennorrhagie ; cet essai réussit pleinement.

Une très grande obscurité règne sur l'origine des différents *Bois de Santal.* M. Guibourt les a décrits sous les noms de *Santal citrin du Malabar, Santal citrin de Timor, Santal citrin pâle, Santal citrin de Sandwich, Santal blanc, Santal blanc à odeur de rose, Santal blanc à odeur de musc,* etc.

Toutes ces distinctions sont-elles bien utiles ? Et ce savant n'a-t-il pas, comme il le fait du reste remarquer lui-même, donné des noms différents à des bois de même provenance, abattus à un moment plus ou moins avancé de leur existence, ou bien ayant été modifiés dans leur texture, leur couleur et leurs dimensions par la nature du sol et du climat où ils ont vécu ? C'est une question assez intéressante que nous allons essayer d'élucider en nous aidant du microscope, cet instrument précieux qui, entre les mains habiles de quelques-uns de nos maîtres, rend depuis quelques années à la science des services si incontestables.

Nous avons déjà été à même d'apprécier son utilité pour ces sortes de recherches : dans une thèse présentée en 1870 à l'Ecole supérieure de pharmacie de Paris, nous avons étudié les racines d'Ipécacuanha du commerce au point de vue micrographique ; nous avons trouvé des caractères on ne peut plus tranchés dans la structure anatomique de ces racines, désignées sous les noms d'*Ipécas annelé, ondulé, strié*, et confondues parfois entre elles, quand on s'en tenait à un simple

(1) Henderson, Medical times and Gaz. 1865.

examen extérieur. Nous avons même eu la bonne fortune d'indiquer les premiers une variété d'*Ipéca strié,* complétement dépourvue d'amidon, qui n'avait pas été décrite jusqu'alors et que M. le professeur Planchon, sous la savante direction duquel nous avions entrepris ce travail, a étudiée avec le plus grand soin et à laquelle il a donné le nom d'*Ipécacuanha strié Mineur*, pour le distinguer de l'Ipéca strié à amidon, qu'il a appelé *Majeur*.

Cet essai nous a engagé à recommencer nos recherches sur les *Bois de Santal*. Si nous ne réussissons pas cette fois à trouver des caractères qui puissent permettre de distinguer entre eux ces divers bois, ou simplement de rapporter à une même origine les variétés décrites sous tant de noms différents, du moins pourrons-nous arriver à la connaissance exacte de leur structure intime et de la répartition de leur principe actif, l'essence, dans leurs éléments.

Santal citrin du Malabar. — Voici la description qu'en donne M. Guibourt : (1)

Ce bois se présente sous forme de bûches privées d'aubier, arrondies à la hache, ayant 1 mètre de longueur et 6 à 8 centimètres de diamètre. Il est d'une couleur fauve, médiocrement dur et compacte, plus léger que l'eau. Il exhale une odeur très forte et aromatique tout à fait caractéristique que l'on compare ordinairement à un mélange de musc et de rose. Il a une légère saveur amère. Il est formé de couches concentriques irrégulières et ondulées, dont le centre répond très rarement au centre de la bûche. Lorsqu'il est poli, il paraît satiné.

L'échantillon que nous avons entre les mains, et qui provient du Droguier de l'Ecole de Pharmacie, répond bien à cette description.

(1) Hist. nat. des Dr. II, loc. cit.

Un second échantillon provenant de la même source que le précédent, présente des caractères quelque peu différents. C'est un morceau de 5 à 6 centimètres de diamètre seulement; il a été simplement privé de son écorce et non équarri à la hache; il est cylindrique, d'une couleur brune extérieurement. L'aubier n'a pas été détruit : cet aubier n'offre pas une épaisseur de plus de 1/2 centimètre; il est blanchâtre, peu dense, et forme autour du duramen une zône concentrique assez régulière ; le bois proprement dit est d'une belle couleur fauve, assez serré, dur et compacte, présentant sur une section transversale faite à la scie, des raies foncées, concentriques, irrégulières, formées par les couches d'accroîssement. Le centre médullaire correspond assez exactement au centre du rameau. Tout le bois est comme imprégné d'huile; son odeur est aromatique, mais très forte et un peu âcre. Projeté sur l'eau, il surnage; des fragments mis sur une pelle rougie au feu brûlent avec un parfum assez agréable.

Ces divers échantillons sont, à n'en pas douter, produits par le *Santalum Album*, le premier provient d'une tige d'un diamètre assez considérable, le second d'un rameau de petite taille ou d'un arbre encore jeune.

On trouve actuellement dans le commerce trois espèces de bois de santal :

Le Santal de Bombay;

Le Santal de Zanzibar;

Le Santal d'Australie.

Nous allons décrire ces bois de Santal, dont les échantillons nous ont été obligeamment donnés par M. Paul Petit, pharmacien distingué de Paris, et les comparer ensuite à ceux de l'Ecole de Pharmacie, que nous prendrons comme types.

Santal de Bombay (1). — Ce bois offre à peu près les mêmes caractères que le Santal citrin du Malabar (2) ; on le trouve dans le commerce en bûches de 15 à 16 centimètres de diamètre, longues de 1^{m} 50 ; l'aubier n'existe plus, il a été enlevé à l'aide de la hache ; sa couleur est le fauve, mais peu foncé ; il n'est pas très uni extérieurement et présente quelques nodorités ; toute sa surface est comme huileuse, ce qui indique, à première vue, qu'il contient beaucoup d'essence ; son odeur est très aromatique, suave et non âcre ; sa texture est fine et serrée ; il est susceptible d'un beau poli ; il est un peu plus léger que l'eau ; il a un goût amer prononcé ; il brûle en répandant une odeur assez forte.

Santal de Zanzibar (3). – Le Santal de Zanzibar est en bûches de 1 mètre 20 de longueur et de 10 centimètres au plus de diamètre ; il est noir extérieurement, rugueux, très noueux ; sa texture est peu dure, il se fend facilement dans le sens de sa longueur ; il est moins lourd que l'eau dans laquelle il surnage complètement ; il est jaune intérieurement plutôt que fauve ; sa surface n'est pas huileuse comme celle du Santal de Bombay ; scié transversalement ses zônes concentriques d'accroissement sont peu apparentes ; son odeur est faible, peu aromatiques ; il brûle sans répandre beaucoup de parfum ; sa saveur est âcre, peu amère. Ce bois ne ressemble pas du tout extérieurement ni au Santal du Malabar ni à celui de Bombay.

Santal d'Australie. (4) — Bûches de volume très variable, les unes très grosses, les autres très petites.

(1) Bombay, ville de l'Inde anglaise ; chef-lieu de la présidence de Bombay, dans une petite île du même nom.

(2) Guibourt, op. cit.

(3) Zanzibar, île de la mer des Indes sur la côte du royaume de Zanguebar (côte orientale de l'Afrique.)

(4) Australie, une des trois grandes divisions de l'Océanie, dans l'Océan austral, entre la Malaisie à l'ouest et la Polynésie à l'est.

Ce bois est léger, très peu compacte; sa couleur est le blanc jaunâtre; son odeur, qui n'est plus l'odeur caractéristique du Santal, rappelle plutôt celle du cèdre. Il est beaucoup plus léger que l'eau; sa saveur est résineuse. Il n'a plus aucune ressemblance avec le Santal du Malabar; on le prendrait plutôt pour du hêtre écorcé.

Santal blanc. — M. Guibourt décrit encore, sous le nom de *Santal citrin pâle*, un autre bois de Santal auquel on donne généralement le nom de *Santal blanc*.

C'est un bois cylindrique de 8 à 16 centimètres de diamètre, uni à l'extérieur, jaune très pâle, pourvu d'un aubier blanchâtre; sa fibre est droite, sa texture fine et compacte; il est plus léger que l'eau; son odeur est extrêmement faible, presque nulle.

On a attribué plusieurs origines à ce bois de *Santal blanc;* les uns ont prétendu que c'était du Santal citrin abattu dans le jeune âge (1), les autres que c'était l'aubier du Santalum album, tandis que le Santal citrin en serait le duramen (2), les autres enfin que ce bois était produit par un autre Santalum, le *Santalum myrtifolium* (3).

Nous verrons bientôt, en faisant l'étude micrographique des bois de Santal, quelle est celle de ces trois opinions que nous croyons devoir être préférée.

(1) Guibourt, op., cit.
(2) Dict. univ. d'hist. nat. d'Orbigny, XI, 340.
(3) Wiggers et Huseman, loc., cit.

ÉTUDE HISTOLOGIQUE

DES BOIS DE SANTAL

AVANT d'aborder l'étude histologique des *bois de Santal* que l'on trouve dans le commerce, nous avons cru utile d'examiner la structure anatomique d'un rameau frais, d'un petit diamètre, et présentant, réunies sous le champ du microscope, avec leurs rapports exacts, les différentes couches dont il se compose.

Une section transversale, faite sur une jeune branche de *Santalum*, nous montre d'abord une zône extérieure présentant plusieurs rangées de cellules sans formes bien déterminées, remplies d'un pigment brunâtre. La portion du parenchyme cortical qui constitue l'enveloppe herbacée vient ensuite; elle se compose de cellules tangentielles à la circonférence, et gorgées de chlorophylle : en avançant vers le centre et avant de rencontrer les premières ouvertures des vaisseaux on trouve des cellules se rapprochant de la forme polygonale, mais rendues irrégulières par compression réciproque; ces cellules prennent une forme un peu cylindrique à mesure qu'elles se rapprochent du meditullium ligneux, et leur parois s'épaississent de plus en plus. Le liber est à peine apparent.

Le bois se compose de cellules ligneuses, à parois épaisses, placées assez régulièrement suivant la direction radiale ; de nombreux rayons médullaires partent de la moelle et pénètrent jusqu'au milieu des couches corticales.

Au milieu des fibres du bois, on voit l'orifice des vaisseaux, rangés avec une certaine régularité suivant la direction des rayons médullaires : leur diamètre est beaucoup plus grand que celui des cellules ligneuses.

La partie médullaire, située dans l'axe de la tige, est constituée par des cellules de forme plus ou moins arrondie, à parois fines et transparentes.

Sur une coupe longitudinale nous retrouvons les mêmes éléments : zône extérieure brunâtre ; cellules à chlorophylle ; fibres ligneuses ; vaisseaux (1) ; moelle.

Dans cette description qui est, on le voit, celle de toute plante dycotylédonée, nous n'avons pas parlé avec intention d'un élément important qu'on y rencontre, l'huile essentielle. Ce principe actif des bois de Santal se trouve à l'état d'oléo-résine dans les diverses parties qui constituent la tige, partout un peu, mais surtout dans les vaisseaux et dans les cellules de la moelle.

Bien plus facile à distinguer sur une coupe longitudinale que sur une coupe tranversale, cette oléo-résine se voit sous forme de gouttelettes rougeâtres dans l'intérieur même des vaisseaux, parmi les fibres ligneuses, ou renfermées dans des utricules uniques (et cela surtout dans la moelle), qui ne semblent pas différer des utricules voisins.

(1) Les vaisseaux se présentent tous avec l'apparence de vaisseaux rayés ou ponctués ; nous avons cherché, dans une tige très jeune, à découvrir de véritables trachées ; plusieurs fois nous avons cru en apercevoir, toujours nous avons fini par reconnaître que nous n'avions affaire qu'à un vaisseau rayé dont la partie supérieure, déchirée par le rasoir, simulait la spiricule des trachées.

Nous avons ensuite examiné à l'aide du microscope les échantillons de Santal que nous avons décrits précédemment. Voici quel a été le résultat de nos recherches :

Santal citrin du Malabar (Guibourt). — Sur une coupe transversale de ce bois, nous voyons des rayons médullaires nombreux, jaunes-brunâtres, équidistants, convergeant en lignes un peu flexueuses de la circonférence vers le centre ligneux ; ils sont composés de deux rangées de cellules allongées, à parois peu épaisses, de forme à peu près rectangulaire ; leur couleur foncée leur est communiquée par l'oléo-résine qu'ils contiennent.

Les cellules ligneuses ont leurs parois épaisses et offrent à leur centre un point clair, étroit, qui représente l'ouverture restée libre.

Les vaisseaux, dont on aperçoit les orifices nombreux, sont larges, presque exactement cylindriques ; leur diamètre diminue à mesure qu'on les examine dans un point plus voisin du centre du bois ; ils sont disséminés sans ordre au milieu des celulles ligneuses ; les plus extérieurs contiennent peu d'oléo-résine, les plus intérieurs en contiennent beaucoup. Celle-ci se voit sous forme de gouttelettes brunâtres, réfringentes, remplissant soit complètement l'orifice du vaisseau, soit incomplètement, et offrant alors la forme d'un croissant ou d'un anneau plus ou moins étroit, dont le bord extérieur coïncide avec la circonférence de l'orifice du vaisseau.

Une coupe longitudinale nous fait voir les mêmes éléments : fibres ligneuses, rayons médullaires, vaisseaux, oléo-résine, etc.

Les rayons médullaires examinés sur une coupe tangentielle sont fusiformes, renflés au milieu, terminés en pointe à leurs deux extrémités, ils sont formés de deux rangées de cellules rectangulaires juxtaposées et superposées, dont beaucoup contiennent de l'oléo-résine.

Les vaisseaux sont généralement ponctués et renferment de l'oléo-résine en abondance.

Santal de Bombay. — Nous ne décrirons pas la structure du Santal de Bombay; il présente exactement tous les caractères que nous venons d'indiquer pour le Santal du Malabar; il est, comme ce dernier, très riche en oléo-résine.

Santal de Zanzibar. — *Coupe transversale :* les vaisseaux sont extrêmement nombreux, disséminés au hasard au milieu des cellules ligneuses; la forme de l'orifice n'est pas la même pour tous : le plus généralement polygonale, plus rarement ovalo-circulaire. Certains vaisseaux très petits sont tout au plus de la dimension des cellules ligneuses; les plus grands atteignent à peine le diamètre des plus petits vaisseaux du Santal du Malabar. L'oléo-résine est ici beaucoup moins abondante, et surtout beaucoup moins répandue dans les vaisseaux que dans les autres espèces de Santal.

Nombreux, apparaissant sous forme de lignes noires, droites ou légèrement flexueuses, les rayons médullaires sont formés par une ou deux rangées de cellules, de forme quasi-rectangulaire, plus apparentes et plus larges que dans le Santal du Malabar.

Les cellules ligneuses ont leurs parois très épaisses; elles sont larges, un peu cylindriques, disposées en lignes radiales fort régulières; leur orifice central est large, bien apparent; beaucoup d'entr'elles contiennent des gouttelettes d'oléo-résine.

Coupe longitudinale : Rien de remarquable : vaisseaux étroits, nombreux, ponctués; oléo-résine en quantité minime;

rayons médullaires nombreux, très rapprochés les uns des autres.

Santal d'Australie. — Sur une coupe transversale, ce bois présente un nombre considérable de vaisseaux : ceux-ci sont larges, répandus çà et là, irrégulièrement, et contiennent très peu d'oléo-résine ; leurs orifices ne sont pas exactement cylindriques ; ils affectent une forme ellipsoïde, le grand axe de l'éllipse étant dirigé dans le sens des rayons médullaires. Ces derniers, très peu colorés à cause de la petite quantité d'oléo-résine qu'ils contiennent, sont constitués les uns par deux rangées de cellules à parois minces, les autres par une seule rangée.

Les cellules ligneuses ont leurs parois peu épaisses ; elles sont de formes très différentes, tantôt cylindriques, tantôt plus ou moins polygonales et se présentent en rangées assez régulières, convergeant vers le centre médullaire.

Rien de particulier à noter sur une coupe longitudinale, si ce n'est la largeur considérable des vaisseaux fortement ponctués et l'aspect peu dense que présentent les fibres ligneuses.

L'oléo-résine existe encore dans ce bois, mais en très petite quantité.

Santal blanc. — Ce qui frappe surtout les yeux quand on examine une coupe transversale de ce bois, c'est la présence de raies brunes, un peu courbes, à concavité dirigée vers le centre ligneux, qui coupent les rayons médullaires à angle droit ; ces raies sont ce que Wiggers et Huseman appellent *couches fausses d'accroissement*. Ces deux auteurs (1) pré-

(1) Wiggers et Huseman attribuent au *Santal citrin* ce caractère que nous n'avons trouvé que dans le *Santal blanc*, produit très probablement par le *Santalum myrtifolium* et non par le *Santalum album*.

tendent avoir vu de petits cristaux dans l'unique rangée de cellules qui forme ces raies; nous avons cherché à vérifier ce fait; mais nous n'avons pu apercevoir que des granules fort petits, de forme irrégulière, inégaux : sans oser affirmer que ces cellules ne contiennent pas de cristaux, nous devons dire que nous n'en avons jamais trouvé dans toutes les préparations que nous avons faites.

Le *Santal blanc* présente encore des vaisseaux placés, les uns au bout des autres, en lignes radiales, régulières, interrompues; leurs orifices sont larges relativement au diamètre du bois qui est peu considérable; leur forme est celle d'une circonférence irrégulière; les cellules ligneuses sont petites, symétriquement rangées suivant la direction des rayons médullaires, épaisses, de forme presque carrée; les rayons médullaires sont bien apparents; l'oléo-résine est abondante, principalement dans les vaisseaux.

Que conclure des recherches précédentes? Que les différents bois désignés sous les noms de *Santal de Malabar*, de *Bombay*, de *Zanzibar*, d'*Australie* sont très probablement produits par le même arbre, le *Santalum album*.

A première vue, cela semble peu vraisemblable; ces trois variétés de bois diffèrent en effet considérablement entre elles, si l'on se borne à un examen superficiel; ainsi, tandis que le Santal du Malabar et celui de Bombay sont assez denses, gorgés d'essence, jaunes-rougeâtres, très odorants, celui de Zanzibar est déjà bien moins coloré, beaucoup plus léger, très peu parfumé, et celui d'Australie ne rappelle presque plus ni l'un ni l'autre des trois échantillons précédents : son odeur n'est même plus celle du Santal et rappelle plutôt celle du sapin desséché.

Si au lieu de s'en rapporter seulement à ces caractères extérieurs, on se sert du microscope, on retrouve les mêmes éléments, la même structure intime, des différences peu considérables en somme : les vaisseaux plus ou moins largement ouverts, les parois des cellules plus ou moins épaisses, les rayons médullaires plus ou moins apparents, l'oléo-résine plus ou moins abondante.

Nous sommes d'autant plus disposés à donner à ces différents bois une origine commune, que nous avons sous les yeux un mémoire très curieux de M. Békétoff (1). Ce savant rend compte à la Société botanique de Paris de ses observations sur les bois de bouleau : il a étudié le bois de cet arbre (betula alba) provenant de localités très différentes, de Moscou, de Campinia (Apennins), de Florence et de Paris, et il a trouvé dans sa structure des modifications on ne peut plus frappantes, tenant évidemment aux conditions climatériques et à la nature du sol. M. Middendorf avait du reste constaté avant lui des différences très notables entre les bois de mélèzes et de bouleaux de nos pays, et ceux des régions arctiques : il avait remarqué que tandis que les premiers offraient une densité peu considérable et des couches ligneuses très épaisses, les seconds au contraire présentaient des couches ligneuses extrêmement minces et « suffisamment denses pour garder à peine les traces de la hache qui venait de les frapper perpendiculairement aux fibres. »

Pourquoi n'en serait-il pas de même pour le cas qui nous occupe ? Pourquoi le *Santalum album,* croissant sur la côte de Malabar, ne se modifierait-il pas, transporté à Zanzibar ou dans la Nouvelle-Hollande ? Nous croyons pouvoir affirmer qu'il en est ainsi, et que le même arbre produit ces bois, qui, extérieurement, il faut bien le reconnaître, semblent si différents les uns des autres.

(1) Bull. de la Soc. Bot. 1866.

Quant au bois de *Santal blanc*, nous le croyons produit par une autre espèce de *Santalum* ; la disposition de ses vaisseaux en lignes radiales ; la présence de ces raies concentriques brunes décrites par Wiggers et Huseman et que nous n'avons pas trouvées ailleurs, nous confirment dans cette idée ; nous nous rallions donc à l'opinion qui le rattache au *Santalum myrtifolium*.

Maintenant quel bois faudra-t-il préférer pour la préparation de l'essence de Santal ? Le *Santal citrin de Bombay*, le plus riche en essence, celui qui donne l'essence la plus estimée.

TROISIÈME PARTIE

ESSENCE DE SANTAL

L'*essence de Santal citrin* s'obtient par la distillation du *bois de Santal*, dans lequel elle existe, combinée avec une résine fixe.

Voici comment on opère pour préparer cette essence : on râpe le bois de Santal ; on le met dans la cucurbite d'un appareil distillatoire préalablement remplie d'eau, et on chauffe à grand feu. Les premières heures de la distillation ne fournissent que très peu d'essence : celle-ci, intimement unie à la résine, ne s'en sépare que difficilement, et ce n'est que le deuxième et le troisième jour qu'on commence à obtenir un produit un peu plus abondant. L'essence reçue dans un récipient florentin, ou mieux dans une série de récipients florentins (sa densité voisine de celle de l'eau rendant leur séparation un peu longue) est trouble, d'un aspect laiteux ; on la clarifie, en la filtrant simplement sur un filtre de papier.

Le rendement du bois de *Santal de Bombay*, le plus riche en essence, n'est que de 2 1/2 à 3 o/o. (1)

L'essence de Santal pure est un liquide oléagineux, limpide, presque incolore, à peine ambré, d'une odeur forte, caractéristique, d'une saveur douce d'abord, âcre et amère ensuite.

La densité est de 0,85; (2) elle bout à 288°; soumise à un froid de —10°, obtenu à l'aide d'un mélange d'acide chlorhydrique, de sulfate de soude et de glace, elle se trouble par la présence d'une foule de petits cristaux que la chaleur ne tarde pas à faire disparaître. Elle dévie à gauche la lumière polarisée; elle est neutre au papier de tournesol; presque insoluble dans l'eau, à laquelle elle communique cependant une légère odeur, elle est soluble en toutes proportions dans l'alcool, dans l'éther, dans le chloroforme.

Action de l'oxygène. — Sous l'influence de l'air, l'essence de Santal jaunit et se résinifie. Elle ne prend pas feu quand on en approche simplement une allumette enflammée; il faut pour cela, la chauffer préalablement dans une petite capsule : elle brûle alors avec une flamme brillante et une fumée abondante, en laissant un résidu charbonneux.

Action du Brôme et de l'Iode. — Le Brôme y produit au bout d'un temps assez long un précipité ayant l'aspect du miel liquide à peine coloré.

L'Iode s'y dissout en lui communiquant sa couleur normale.

Action des Alcalis. — La potasse et la soude caustiques ne la colorent pas; elles donnent naissance à un savon plus léger que l'eau : il en est de même de l'ammoniaque.

(1) Santal de Bombay, 2 1/2 à 3 o/o d'essence.
— Zanzibar, 1 1/2 o/o tout au plus.
— Australie, 1 o/o à peine.

(2) M. Dorvault commet une erreur dans son *Officine* en prétendant que l'essence de Santal est plus lourde que l'eau; sa densité moyenne est de 0,85.

Action du Bisulfite de soude. — Il ne se forme pas de composé solide ; par conséquent, pas d'aldéhyde.

Action des Acides. — L'essence de Santal traitée à froid par l'*acide Chlorhydrique* prend au bout d'un certain temps une légère coloration rose ; à chaud la coloration se développe de suite et d'une façon bien plus intense. Un courant de gaz chlorhydrique la colore immédiatement en rouge sans présenter d'autres effets.

Elle éprouve au contact de l'*acide sulfurique* des modifications curieuses ; quelques gouttes troublent sa limpidité ; mélangée avec 1/10 de son poids de cet acide et abandonnée à elle-même, elle se transforme en liquide rouge visqueux, et en une masse noire, demi-solide ; cette réaction est identique avec celle qui se produit quand on traite l'essence de térébenthine par l'acide sulfurique.

L'acide azotique à froid donne à l'essence une teinte rose peu manifeste ; si l'on chauffe, il y a d'abord une coloration rouge très foncée ; puis une réaction très vive se déclare : il y a dégagement de vapeurs rutilantes, projection du mélange hors du tube à expérience, si l'on n'y prend garde, et l'essence se transforme en une substance d'apparence résineuse, jaune-verdâtre, n'ayant plus l'odeur caractéristique du Santal. Ce nouveau produit est soluble dans l'alcool et dans l'éther, insoluble dans l'eau ; il brûle à la manière de la térébenthine, en répandant une odeur désagréable, et en laissant dans la capsule un résidu noir très abondant. La même réaction a lieu avec l'essence de térébenthine.

L'essence de Santal a des analogies très grandes avec cette dernière essence : ses réactions avec l'acide sulfurique, l'acide azotique, la potasse caustique..., etc..., sont exactement les mêmes ; aussi proposons-nous de la ranger, auprès de l'essence de térébenthine, parmi les essences hydrocarbonées, dont la formule générale est C^5H^4.

Falsifications. — L'essence de Santal, en raison du prix très élevé du bois de Santal, et à cause de la petite quantité que ce bois donne à la distillation, est l'objet d'une foule de falsifications. Les plus communes sont celles qui consistent à la mélanger avec de l'huile de ricin ou du baume de copahu, ou bien encore avec les essences de bois de cèdre ou de baume de copahu.

Cette essence, à l'état de pureté, doit être presque incolore ou jaune très clair; on doit donc rejeter l'essence brune du commerce qui, bien que pure de tout mélange, contient au moins des principes pyrogénés qui la colorent.

La fraude par l'huile de ricin se reconnaît en versant une goutte d'essence sur une feuille de papier, et évaporant; l'huile de ricin ou toute autre huile laisserait sur le papier une tache de graisse.

Le baume de copahu peut être reconnu par ce procédé, attendu qu'il laisserait une tache de résine; mais on le constate plus facilement en dissolvant de l'essence de Santal dans son poids d'alcool à 85° à la température de 15°. Si l'essence contient seulement 1/10 de baume de copahu le mélange devient laiteux (1).

L'essence de cèdre joue le plus grand rôle dans les falsifications de l'essence de Santal, à cause de sa densité, de sa visquosité, de sa couleur et de son bas prix. L'essence de copahu est employée pour falsifier l'essence de Santal à peu près pour la même raison, mais elle n'a pas la visquosité de l'essence de cèdre, et sa densité est un peu plus faible que

(1) Paul Petit. — Ruche pharmac. 1870.

celle de l'essence de Santal. Pour reconnaitre ces deux falsifications, que l'odorat ne peut pas toujours saisir, j'emploie les deux réactifs suivants : (1)

1° Je sature de l'ammoniaque par de l'oxide de cuivre noir et je filtre. Je prends alors :

Oxide cuivre ammoniacal....	20	grammes.
Eau distillée..............	80	—

2° Je prends :

Brôme liquide.............	6	grammes.
Alcool à 90°...............	20	—
Eau distillée..............	64	—

Ce réactif ne doit être préparé qu'au moment du besoin.

On pèse dans un tube de verre de 0,01 de diamètre et fermé par un bout, 10 gr. de liqueur cuprique, et 2 gr. d'essence pure. On agite fortement, et on abandonne au repos pendant 24 heures. L'essence pure donne un savon parfaitement blanc et opaque. Si l'essence à essayer contient de l'essence de cèdre, le savon prend une teinte verdâtre plus ou moins foncée et qui est très sensible, par comparaison, même pour 1/10 d'essence de cèdre mélangé à l'essence de Santal.

L'essence de copahu ne peut être décélée par ce procédé.

Avec la liqueur de brôme les trois essences de santal, de cèdre et de copahu présentent des colorations bien différentes.

On pèse 1 gr. de chaque essence dans des tubes de 0,01 de diamètre et fermés par un bout, on ajoute à chacune 15 gr. de liqueur de brôme et on agite jusqu'à décoloration complète; on abandonne au repos et 24 heures plus tard on peut constater que le précipité formé par l'essence de Santal à l'aspect du miel liquide. Le précipité de l'essence de cèdre a l'aspect du

(1) Paul Petit.

goudron, et celui de l'essence de copahu a une teinte olivâtre.

Les réactions sont tranchées suffisamment pour que 1/10 d'essence étrangère se reconnaisse facilement dans l'essence de Santal par comparaison avec une essence type.

QUATRIÈME PARTIE.

COMME l'Ipécacuanha, comme le Quinquina, comme le Cubèbe, comme un grand nombre de médicaments végétaux, le Santal fut employé dans les pays où il croît, longtemps avant d'avoir reçu chez nous sa première application. L'instinct ou le hasard a poussé les peuplades demi-sauvages qui habitent ces pays à se servir des quasi-spécifiques que la nature avait répandus parmi eux : plus tard, des voyageurs, des médecins, des botanistes, de nouveaux habitants même sont venus ; à leur tour, ils ont subi ou admiré l'heureux effet de ces remèdes : c'est ainsi que, grâce à eux, la science a vu peu à peu augmenter ces précieuses ressources thérapeutiques.

Moins heureux cependant que l'Ipéca et le Quinquina, importés, l'un au milieu, l'autre à la fin du XVIIe siècle, et que le Cubèbe, dont l'introduction date de 1816, le Santal aura, de nos jours seulement, conquis sa place dans la thérapeutique médicale.

Aussi, à ce point de vue, la bibliographie du Santal n'est-elle pas bien longue.

Parmi les botanistes des deux derniers siècles, qui ont, du reste, très bien décrit la plante, il n'en est qu'un qui ait indiqué d'une façon précise les qualités anti-blennorrhagiques du Santal : c'est le Hollandais Rumphius.

Il est, certes, curieux de lire dans un ouvrage de ce médecin botaniste, écrit il y a plus de cent ans (1), une courte note affirmant l'excellence du traitement de la blennorrhagie par le Santal. On ne peut s'empêcher même de regretter que cette indication soit passée inaperçue, soit que Rumphius ait été peu lu, soit qu'il y ait eu incrédulité de la part des médecins. Il est encore plus regrettable que Rumphius, qui était lui-même médecin, se soit contenté d'affirmer le fait sans recourir à une expérience décisive. « Le Santal, réduit en poudre et longtemps macéré dans l'eau, a guéri la blennorrhagie aiguë chez l'homme et chez la femme (2). » C'est ainsi que s'exprime Rumphius. Il est à remarquer qu'il dit ici *blennorrhagie aiguë* (*gonorrheam virulentam*), le mot gonorrhée étant pris autrefois dans le sens de blennorrhagie, et non de blennorrhée, comme on serait tenté de le croire, et l'épithète *virulentam* indiquant bien l'acuité de la maladie. Nous verrons plus tard, en effet, que l'essence de Santal, qui agit merveilleusement dans la blennorrhagie aiguë, possède beaucoup moins de vertu contre un écoulement ancien et chronique. Rumphius ajoute que ce sont les naturels de la cote d'Amboine (3), qui font usage de ce médicament.

(1) Rhumphius, T. II. (Amsterdam, 1750.)

(2) Rumphius. op. cit.
« .... Santalum contritum, ac permultos dies cum aquâ propinatum, curavit æquè feminis ac viris gonorrheam virulentam. »

(3) Amboine, île du groupe des Molluques, situées dans la Malaisie.

Mesua (1), Loureiro (2), De Candolle (3), Hoffmann (4), parlent également des propriétés thérapeutiques du Santal : tous lui accordent une foule de qualités plus ou moins imaginaires ; aucun ne lui donne ses véritables attributs. Notons cependant chez Loureiro l'indication du Santal comme fébrifuge (5). Si nous citons ce fait, c'est pour qu'on puisse le rapprocher du fait identique que nous verrons plus tard indiqué par Shaughnessy (6). Faisons une réserve également en faveur d'Hoffmann, qui conseille le Santal contre les « toux humides et contre l'asthme » (7).

Depuis le commencement du siècle jusqu'en 1865 environ, le Santal paraît avoir été complétement oublié ; aucun traité de botanique, de matière médicale, de thérapeutique n'en fait mention. C'est en vain que nous l'avons cherché dans le *Dictionnaire de Médecine et de Chirurgie pratiques* (1835), dans la *Matière médicale* de Barbier (1830), dans le *Traité de Thérapeutique* de Trousseau et Pidoux. Bouchardat, dans son *Traité de matière médicale* (1839), ne fait mention que du Santal rouge (8), dont le « bois sert à fabriquer une poudre dentifrice ». C'est même en vain qu'on chercherait le Santal dans les Traités de thérapeutique plus récents, et nous ne voyons guère que M. Gübler qui l'ait indiqué dans son excellent ouvrage des *Commentaires thérapeutiques* (édit. 1873).

(1) Mesuœ opera. (Venetiis apud Luntas MDLXXXI).
(2) Loureiro. Flor. Cochinchin. 109.
(3) De Candolle. Prodr. system. XIV. 681.
(4) Hoffmanni Frederici. Medic. ration. system. (Magdebourg 1727).
(5) Mesua, op. cit.
« Lignum maxime citrinum......, tollit anxietates febriles. »
(6) Medical times and Gaz. — Communication de sir Th. B. Henderson.
(7) Hoffmann, loc. cit. Med. system. III.
C'est bien là une action identique à l'action de la térébenthine et du copahu dans la bronchite.
(8) Produit par le *Ptérocarpus Santalinus* (*légumineuses*).

Voici, du reste, le court paragraphe qui lui est consacré (1) :

« Le Santal citrin possède une odeur suave, qui devient plus prononcée quand on le mouille et surtout quand on le brûle. On en retire, par la distillation, une huile volatile qu'on mêle à l'huile de rose. Ce bois, l'un des *trois santaux,* est vanté comme cordial et alexipharmaque, et entre avec ses homonymes, dans plusieurs préparations officinales : le *Sirop de Chicorée,* la *Confection d'Hyacinthe,* etc. En Orient, surtout en Chine, on le brûle comme parfum et l'on en fait de petits meubles de luxe.

L'essence de Santal citrin est oxydable et passe dans les urines à la manière de celles de térébenthine et de copahu. Elle agit, comme ces dernières, sur la muqueuse des voies urinaires et génitales, et peut les remplacer dans le traitement du catarrhe vésical ou de la blennorrhagie. On l'emploie depuis quelques années à cet usage (Henderson, Berkeley-Hill, Panas, etc.) J'en ai souvent constaté l'utilité. On administre l'essence de Santal en capsules données en même nombre que celles de copahu ou de Matico. »

C'est donc en quelque sorte M. Gübler qui a donné au Santal le baptême classique (2).

Au docteur anglais Th. B. Henderson revient le mérite de ce que nous pouvons, pour ainsi dire, appeler la découverte de l'emploi du Santal dans la blennorrhagie. Henderson, il est vrai, a lu dans un ouvrage du docteur Shaughnessy que les naturels de différents pays se servaient de la poudre de Santal

(1) Gübler. Commentaires Thérapeuth. 358 et 359.

(2) Dans le *Dictionnaire de Médecine et Chirugie pratiques,* publié sous la direction de M. Jaccoud, M. Fournier, à l'article blennorragie, parle également du Santal comme succédané du copahu, d'après sir Hendenson. Il ne fait du reste que l'indiquer en passant. (T. V, ann. 1866).

contre cette affection ; c'est ainsi qu'il a été conduit à expérimenter par la connaissance de résultats déjà obtenus : mais ce n'en est pas moins un honneur pour lui que de n'avoir point, comme beaucoup d'autres, passé sur pareil fait à la légère.

Il nous a, du reste, paru curieux de reproduire entièrement la note de Henderson publiée dans le Medical Times (1) ; c'est le premier document complet qui ait paru sur l'emploi antiblennorrhagique du Santal :

« Une communication aussi importante pourrait se passer d'introduction. Quel est le praticien qui ne se plaigne du petit nombre des moyens qu'il peut opposer à la blennorrhagie ? Quel est le praticien qui n'a eu, à un moment donné, sa réputation menacée et même compromise par la presque incurabilité de cette affection? Sans doute, l'habileté dans le maniement des remèdes que nous possédons, a donné parfois d'excellents résultats; mais il est aussi des cas où l'adresse et le savoir les plus inattaquables ont échoué. C'est que trop souvent les médicaments spécifiques de la blennorrhagie fatiguent le malade et lui inspirent une répugnance extrême; c'est que, donnés à haute dose, ils produisent sur des tempéraments délicats, au lieu d'effets salutaires, des effets fâcheux. Il ne faut pas chercher ailleurs la cause de l'abandon de ces remèdes par bon nombre de médecins, qui n'emploient plus maintenant que des moyens purement locaux ; la diversité même de ces derniers moyens est une preuve convaincante de leur inefficacité dans l'affection qui nous occupe.

« Le premier des médicaments (2) que je veux porter à la connaissance des médecins est *l'huile de Santal jaune.* Cette huile s'obtient par distillation du bois de Santal (Sirium myrti-

(1) Médical Times and gaz. 3 June 1865.

(2) Dans cette communication, M. Henderson parle aussi du *Gurjun Oil,* autre remède qu'il préconise également contre la blennorrhagie.

folium, du genre Santalum). L'arbre, qui produit ce bois, croît dans les Indes Orientales. Une livre de ce bois fournit par distillation 2 drachmes d'huile, laquelle, d'après Lindley, sert à falsifier l'huile de rose.

Or, voici comment s'exprime à son sujet le professeur Redvood dans le supplément de sa pharmacopée : « Le bois de Santal, d'après le docteur Shaughnessy, est employé en poudre par les médecins du pays où on le récolte contre les fièvres rémittentes graves, et, coupé avec du lait, dans le traitement de la blennorrhagie. » Un grand nombre d'autres ouvrages de matière médicale que j'ai dépouillés sont muets à son endroit.

« Dans les expériences que j'ai faites, j'ai toujours constaté que ce médicament était inoffensif, même pris à hautes doses. La formule que je préfère est celle-ci : 20 à 30 gouttes d'huile dissoutes dans trois parties d'alcool rectifié, le tout parfumé avec quelques gouttes d'essence de cannelle, à prendre trois fois par jour. Au bout de 48 heures j'ai souvent observé un soulagement complet. Ce remède a cet avantage considérable de plaire au malade ; agréable au goût, il l'est aussi à l'estomac ; égal en puissance, sinon supérieur au copahu et au cubèbe, puisqu'il a réussi là, où, quoique régulièrement administrés, l'un et l'autre avaient échoué. En supposant que l'on ait à faire à un sujet délicat, à un organisme affaibli, il faudra considérer d'une haute utilité un remède, qui à une grande action spécifique joint une réelle action stomachique ; bref, je lui dois un grand nombre de succès dans ces cinq dernières années.

« Je n'établirai pas de théorie sur son mode d'action ; du reste mes expériences ont été faites toutes au point de vue pratique.

« L'odeur du Santal se retrouve faiblement dans les urines. »

De pareils résultats ne pouvaient manquer d'éveiller l'attention en France. La *Gazette hebdomadaire* reproduisait bientôt, sous la signature de M. Genest de Servières, une analyse succincte de la communication de sir Henderson (1). Presque aussitôt des essais étaient tentés de différents côtés, et le 30 septembre 1865, M. le Dr Panas, chirurgien de l'hôpital Lariboisière, présentait à la Société de chirurgie de Paris le résultat de ses propres expériences (2) : « Ne pouvant, dit M. Panas, me procurer cette huile essentielle, j'en fis venir de Londres, et je l'expérimentai sur des malades tous du sexe masculin, afin d'arriver à un résultat plus concluant que s'il s'était agi de femmes, chez qui la maladie offre en effet une marche bénigne toute particulière. » Disons de suite que ces expériences confirmaient pleinement les résultats acquis par Henderson. Nous en donnerons plus loin le détail. De plus, nous savons que dans leur pratique particulière, et même dans les services d'hôpitaux qui leur sont confiés, plusieurs spécialistes, parmi lesquels il faut citer M. le docteur Simonnet, ont fait usage de l'essence de Santal avec un succès complet. Nous-même l'avons conseillée ; plusieurs de nos amis, docteurs avant nous, l'ont conseillée également. Toutes les fois que l'essence de Santal a été administrée convenablement, parmi beaucoup de réussites, nous n'avons jamais eu à regretter d'insuccès complet : on peut presque dire que la guérison bien confirmée a été la règle générale.

(1) *Gaz. hebdomadaire*, 14 juillet 1865.
(2) *Bulletin de la Société de Chirurgie de Paris*, 20 sept. 1865.

Au point de vue de sa composition, l'essence de Santal se distingue du copahu et de la térébenthine en ce qu'elle est une essence proprement dite, tandis que ces autres substances contiennent à la fois une huile essentielle et une résine. Mais de même que l'huile essentielle du copahu est isomère avec l'essence de térébenthine, il est à supposer que cette dernière l'est aussi avec l'essence de Santal ; et, bien que l'essence de Santal ne soit pas à proprement parler une térébenthine, il est, croyons-nous, rationel de la ranger parmi les *Térébenthinés*, auprès du copahu, ainsi qu'on l'a fait pour le cubèbe.

Sa place en thérapeutique est donc toute marquée auprès de ces substances. Trousseau et Pidoux l'auraient rangée parmi les *excitants* ; des classifications plus nouvelles la mettent au nombre de médicaments désignés d'une façon plus précise, et, selon nous, plus vraie sous le nom de *modificateurs des sécrétions et des excrétions.*

Les propriétés physiologiques de l'essence de Santal s'écartent peu de celles du Copahu *lorsque ce dernier est pris à des doses très minimes ;* elles s'en éloignent absolument dans le cas où le Copahu est absorbé à une dose relativement peu élevée.

Au-dessous de 1 à 2 grammes, le Copahu est un « stimulant digestif. » Nous ne partageons cependant en aucune façon l'opinion de M. Dupuy (1), qui prétend qu'à la dose de 8 grammes le Copahu, « loin d'entraver l'alimentation, augmente l'appétit. » A une dose supérieure à 3 grammes, le Copahu ne possède

(1) Thèse de Paris, 1857.

plus les qualités que lui reconnaît M. Dupuy ; il produit toujours au moins une inappétence considérable, de la diarrhée ou plus rarement de la constipation. A une dose supérieure à 10 grammes, il provoque des nausées, des vomissements, et alors une irritation franche, une véritable inflammation du tube digestif déterminant dans l'intestin une irritation plus ou moins vive, accompagnée de coliques et d'hypersécrétions, qui, selon Rattier et Cullerier, peut aller jusqu'à l'entérite ou l'entéro-colite. Les auteurs, du reste, sont unanimes à ce sujet. Citons encore l'opinion de Vidal de Cassis : « Quelquefois le Copahu agit sur l'estomac de manière à provoquer des vomissements par le dégoût. Ces vomissements arrivent parfois plus tard ; ils sont dûs à une modification du ventricule ; ils seraient plutôt, alors, l'effet d'une irritation de cet organe. Souvent c'est l'intestin qui souffre et les selles sont parfois assez copieuses pour constituer une superpurgation. On a observé des vomissements et des selles en même temps, enfin des accidents cholériformes ; quelquefois, au contraire, il y a constipation. »

L'essence de Santal, au contraire, prise à une dose faible, est un stimulant digestif ; prise à des doses très fortes, elle l'est encore, et cette tolérance existe d'emblée ; aussi pourrait-on, s'il était nécessaire, commencer, dans le traitement de la blennorrhagie ou de la cystite, par l'administration de 8 à 10 grammes d'essence de Santal, sans crainte d'incommoder son malade. L'usage prolongé de l'essence de Santal n'influe en rien sur cette remarquable tolérance des voies digestives. Cependant, nous ne connaissons point les effets de l'essence de Santal prise à des doses beaucoup plus considérables, et nous ignorons si elle peut produire des manifestations morbides comme le copahu et la térébenthine.

Lorsqu'un individu a pris du Santal, au bout d'un temps plus ou moins long, temps nécessaire à la dissolution de l'enveloppe gélatineuse de la capsule, il ressent à la région épigastrique une légère sensation de chaleur non douloureuse et très passagère. Il est à supposer que l'absorption se fait d'une façon rapide, car l'élimination de la substance commence après un temps qui semble varier de une demi-heure à une heure. Cette élimination se fait, comme celle de la térébenthine et du copahu, par plusieurs émonctoires : par les reins, par les voies respiratoires, par les muqueuses, et probablement par la peau.

La présence de l'essence de Santal dans les urines est révélée par le parfum caractéristique de Santal qu'elles répandent; chimiquement, par les réactions suivantes : *de l'acide sulfurique* versé dans l'urine donne lieu d'abord à une coloration brunâtre, puis à un précipité noir assez abondant ; — de *l'acide azotique*, employé suivant la méthode indiquée par M. Gubler, c'est-à-dire versé lentement sur les parois du verre, de manière à ce qu'il aille former au-dessous de l'urine à essayer une couche de quelques centimètres, donne lieu à un précipité que l'on pourrait prendre pour de l'albumine; mais ce précipité diffère du précipité albumineux par sa légèreté, par l'absence de furfures distincts, à plus forte raison de grumeaux et de flocons, et par sa solubilité dans l'éther et l'alcool, qui éclaircissent la liqueur (Gubler). Ce précipité n'est donc autre chose qu'un précipité résineux. A chaud, l'*acide azotique* produit les mêmes phénomènes que lorsqu'on agit sur l'essence de Santal : réaction très vive, vapeurs rutilantes, transformation de l'essence en une matière résineuse, etc.

Nous n'avons jamais observé que l'absorption de l'essence ait été suivie d'albuminurie passagère, ainsi qu'il se produit quelquefois, après une forte dose de copahu ; nous ne voudrions pas cependant affirmer que le fait ne puisse avoir lieu, attendu que nous n'avons jamais analysé que des urines d'individus ayant pris au plus 10 grammes de Santal, et qu'il serait à la vérité possible qu'une dose plus forte produisît cet effet.

L'élimination, rapide dès le début, paraît durer un temps assez long; 24 ou 48 heures après l'ingestion d'une dose moyenne de Santal, les urines sont encore légèrement parfumées. L'urine ne paraît pas augmenter de quantité; les besoins d'uriner ne sont ni plus pressants, ni plus rapprochés que de coutume.

Nous n'avons jamais observé non plus d'exanthème, espèce de roséole aigüe et passagère sans phénomènes fébriles, qui se produit, paraît-il, sous l'influence des temps froids et humides après l'emploi du copahu (1).

Nous n'avons, non plus, à signaler aucun effet du Santal sur les centres nerveux.

Pour nous résumer, nous dirons que, prise aux doses curatives du copahu, là où ce dernier produit tous les accidents que nous énumérions plus haut, l'essence de Santal, curative aux mêmes doses, ne produit ni vomissements, ni coliques, ni diarrhée, en un mot, aucun accident, même le plus léger, du côté des voies digestives : c'est là un fait de la plus haute importance.

Il nous a été communiqué récemment une observation tendant à démontrer que l'ingestion d'essence de Santal peut être suivie de douleurs de reins très violentes, mais de courte durée. Ce phénomène qui s'est produit une demi-heure environ après l'administration de l'essence, semble avoir lieu au moment même où le sang commence à apporter au contact du rein les principes nouveaux dont il s'est chargé. Sans vouloir chercher d'explication physiologique, nous croyons seulement, avec MM. Panas et Caudmont, qui

(1) Dict. de médec. et chirurg prat., art. *Copahu.*

l'un et l'autre emploient beaucoup le Santal, et qui, du reste, n'ont *jamais* observé cette action, que ces douleurs lombaires sont occasionnées par la présence d'une substance étrangère mélangée à l'essence du Santal, en un mot, que l'on a eu affaire à un produit falsifié du commerce. On sait, du reste, que ces falsifications sont très nombreuses (1). Il y aurait cependant peut-être lieu d'invoquer ici une idiosyncrasie propre au sujet, peut-être une affection rénale. En tous cas, ce fait ne saurait être aucunement un motif de rejet contre le Santal; si l'on ordonne cette substance, il suffit d'avertir son malade de la production possible de ces sortes de coliques néphrétiques, de l'assurer de leur peu de gravité, et, si elles sont trop douloureuses, d'arrêter le traitement.

On a discuté longtemps pour savoir comment se produisait l'action curative du copahu. La théorie de Giaccomini et de l'Ecole Rasorienne, qui n'accordaient au copahu aucune action spécifique et le considéraient comme hyposthénisant, est aujourd'hui abandonnée en faveur de cette autre qui consiste à admettre que c'est le contact des urines chargées du principe actif élaboré et éliminé par l'organisme qui modifie les muqueuses affectées de blennorrhagie, et en guérit la sécrétion morbide (2). Nous admettons une théorie identique en ce qui concerne l'essence de Santal.

Henderson avait borné son étude des effets de l'essence de Santal à la blennorrhagie seulement : depuis, ainsi que nous l'exposerons, plus loin, les médecins français ont étendu avec succès son emploi à l'ensemble des inflammations uréthrales et vésicales. La blennorrhagie est donc la première maladie contre

(1) Voir page 42.
(2) Dict. de Jaccoud., *Copahu.*

laquelle le Santal a été employé. Comme c'est le point sur lequel nous insisterons le plus particulièrement, nous ne croyons pas inutile de rappeler brièvement les symptômes de cette affection.

La blennorrhagie se déclare de 24 heures à 3 ou 8 jours après le coït suspect ; le malade éprouve au commencement de l'urèthre une sensation de prurit, qui augmente et se convertit bientôt en douleur, surtout au moment de l'émission des urines ; vient ensuite un suintement d'une humeur filante, légèrement trouble, qui se dessèche sur le linge. Bientôt les lèvres du méat se gonflent : elles sont plus rouges ; la douleur augmente pendant la sortie de l'urine, qui, en parcourant l'urèthre, donne lieu à une sensation de brûlure. C'est ordinairement au cinquième jour que l'uréthrite est parfaitement établie ; alors, pendant la miction, la douleur est des plus violentes ; elle est prononcée au périnée, et là, elle augmente, quand le malade croise les jambes et pendant la défécation. Il y a modification du jet d'urine ; quelquefois il se bifurque ; toujours il est diminué de volume. Il peut survenir un rétrécissement complet, surtout si l'inflammation gagne la prostate. La composition et l'aspect de l'écoulement varient ; c'est du pus ou du muco-pus. D'abord d'un blanc terne, d'une consistance crémeuse, il donne ensuite sur le jaune, puis sur le vert ; il est teint de sang dans les cas suraigus. Il y a des érections douloureuses dans le cours de la blennorrhagie. Lorsque celle-ci est intense et que le sujet est très-nerveux, ces érections peuvent devenir fréquentes et opiniâtres ; elles surviennent surtout quand le malade est dans la station horizontale. Ces symptômes durent 10, 15, 20 jours, puis ils s'amendent ; alors les douleurs n'ont lieu que pendant l'émission des urines ; les érections sont moins fréquentes ; l'écoulement est en moindre quantité. Quelquefois le mal passe à l'état chronique (blennorrhée). Les accidents de la blennorrhagie sont : la cystite, la prostatite, la dysurie. etc. (1).

On peut voir, d'après cette courte description, que les deux symptômes principaux de la blennorrhagie sont la douleur et l'écoulement ; examinons comment se comporte à leur égard l'essence de Santal, quelle est sa puissance d'action et quel temps lui est nécessaire pour se manifester.

Henderson dit avoir toujours observé en 48 heures un soulagement complet. La douleur de l'uréthrite, dit M. Panas, a été considérablement amendée dans un temps très court, variant de 1 à 3 jours. C'est aussi ce qu'est venu confirmer notre observation personnelle. Prise à des doses convenables, à la période aigue, l'essence de Santal a toujours été assez puissante pour supprimer la douleur, quelquefois en moins d'un jour, et au plus en 48 heures. « Mais l'action la plus remarquable est celle que le médicament exerce sur l'écoulement qui dans l'espace de 24 à 48 heures au plus se trouve réduit à une espèce de suintement séreux, ou à quelques gouttes de mucopus blanchâtre, quelles que soient la couleur et l'abondance de la sécrétion. » (2) C'est un fait constant, que nous avons été mainte et mainte fois à même de vérifier. Nous pourrions encore invoquer ici le témoignage de M. le Dr Simonnet ; les élèves qui suivent le service du Midi ont pu constater souvent la véracité de notre assertion.

Contre cet autre symptôme si douloureux de la blennorrhagie, les érections nocturnes, dont le résultat est une insomnie fatigante, intolérable, nous ne pensons pas que le Santal soit plus puissant que le Copahu et le Cubèbe, d'autant plus que les érections ne semblent point liées intimement

(1) Vidal de Cassis.

(2) Panas société de chirurgie 1865.

à l'acuité de la maladie, mais plutôt à un état particulier spasmodique de l'urèthre (1).

Donc, la blennorrhagie, prise à l'état aigu, et traitée par le Santal, s'est amendée en trois jours, au point que la miction n'est plus douloureuse et que l'écoulement se trouve réduit à quelques gouttes de muco-pus. Une fois ce changement obtenu, ajoute M. Panas, les choses restent à peu près stationnaires malgré la continuité du traitement, et ce n'est que vers le quinzième ou le vingtième jour que l'on obtient la cessation du flux muqueux.

Mais quand doit-on administrer l'essence de Santal ? Doit-on préférer la méthode qu'ont préconisée Ansiaux et Ribes pour le copahu, admise par Trousseau et Pidoux, admise aussi par eux pour le cubèbe (2), et qui consiste à administrer ce médicament à haute dose pendant la période d'acuité ? Faut-il au contraire suivre la pratique plus généralement admise encore aujourd'hui, celle de Hope, de Hunter, de Chopart, qui ne donnaient le copahu qu'après une diminution notable des phénomènes inflammatoires ?

Nous citerons encore à ce sujet M. le docteur Panas : « Le nombre des observations est de 15, parmi lesquelles on compte cinq cas d'uréthrites de 4 à 8 jours, encore vierges de tout traitement, et 10 de blennorrhagies aiguës, mais remontant à plus de 2 semaines et ayant déjà subi des traitements insuffisants, soit par les injections, soit par le copahu, soit par le cubèbe. Parmi les uréthrites toutes récentes, trois ont été soumises à un traitement antiphlogistique préalable, les deux autres furent traitées par l'essence de Santal administrée d'emblée.

(1) Fournier.

(2) Si quelques phénomènes inflammatoires locaux existent, nous le répétons, qu'ils ne soient pas la contre-indication de l'emploi immédiat du cubèbe. (Trousseau et Pidoux. — Traité thérapeut. II, 669.)

Voici quels ont été les résultats : la douleur de l'uréthrite a été considérablement amendée dans un temps très court, variant de 1 à 3 jours au plus ; même action sur l'écoulement. » (1) Ainsi donc entre les blennorrhagies soignées après l'emploi du traitement antiphlogistique et les blennorrhagies traitées d'emblée, au point de vue de l'action du remède et de la durée de la maladie, M. Panas n'établit point de différence. Nous n'en établirons pas non plus, car nous n'en avons jamais constaté.

Aussi, partant de ce fait, instituerons-nous cette règle : employer le Santal dès le début de la maladie. De cette façon, on épargnera au malade et l'ennui d'un écoulement trop prolongé, et aussi les douleurs de la miction, qui, lorsque se joint au catarrhe uréthral un peu de cystite augmentant encore les envies fréquentes d'uriner, deviennent un supplice véritable. Cependant, nous ferons, comme Trousseau pour le Cubèbe, une restriction dans cet emploi immédiat du Santal, lorsqu'il « existe un orgasme inflammatoire et fébrile exagéré, constituant, ainsi développé, un élément thérapeutique qui mérite une action séparée. (2) »

La plupart du temps donc il ne sera pas nécessaire de laisser tomber la blennorrhagie de l'état suraigu à l'état subaigu : sans passer par les préliminaires des diurétiques, des tisanes, etc. destinées à diminuer la douleur de la miction et à abaisser la tension inflammatoire, voici comment nous conseillons de procéder dans presque tous les cas : le premier pour deux bains prolongés ; le soir même ou le lendemain administrer l'essence de Santal. Son administration peut, le lendemain encore, coïncider sans inconvénient avec un autre grand bain.

(1) Voir page 58.
(2) Trousseau et Pidoux, op. cit., 670.

Nous avons en notre possession un certain nombre d'observations ; nous demandons la permission de n'en mettre qu'une sous les yeux du lecteur :

Blennorrhagie aiguë. — X..., employé de commerce, 23 ans ; bonne constitution ; deux blennorrhagies antérieures, sans complications, traitées l'une et l'autre par le copahu et les injections ; guérison assez lente mais qui paraît avoir été radicale.

Le 8 avril 1874, au matin, 3 jours environ après le coit suspect, il ressent en urinant une douleur assez vive. Douleurs dans les aînes, pesanteur au périnée.

Le lendemain 9, la douleur est bien plus prononcée ; la miction est très pénible ; en même temps l'écoulement est constitué.

Le 10, le malade va consulter un médecin. Écoulement jaune-verdâtre abondant ; douleurs exagérées par la miction, persistantes ; elles semblent occuper surtout la portion spongieuse de l'urèthre. Le méat est rouge-cerise ; tout l'appareil génital externe est très sensible au toucher. Réaction inflammatoire ; un peu de fièvre ; perte d'appétit ; le malade n'a pas encore eu d'érections douloureuses.

11 avril, 2 bains de 1 heure chaque, matin et soir.

12, douze capsules de Santal au moment des repas, 6 le matin et 6 le soir. S'abstenir de café, de bières, de liqueurs, etc.

13, même traitement ; la douleur en dehors de la miction et pendant la miction a complétement disparu.

14, 15. même traitement ; l'écoulement est complètement modifié en qualité et en quantité. Réduit à un suintement très léger, de jaune-verdâtre il est devenu pour ainsi dire incolore.

16, 17, 18, huit capsules seulement ; le malade va très bien et reprend son genre de vie habituel.

19 au 23, quatre capsules ; le mal est complétement guéri. Des excès alcooliques et de coït, que fait le malade quelques jours après, n'amènent pas le moindre accident.

Quelle est l'action de l'essence de Santal dans la blennorrhée ? Les uns prétendent qu'elle est nulle, d'autres qu'elle est, au contraire, très puissante. Il n'y a là qu'une contradiction apparente. Ses effets sont différents si l'on s'adresse à une blennorrhée, suite de blennorrhagie traitée par le Santal, ou à une blennorrhagie traitée par un autre procédé. Dans le premier cas, l'essence de Santal n'est plus qu'un médicament, qui, grâce à un usage prolongé, n'impressionne que médiocrement la muqueuse uréthrale : il s'est établi une tolérance qui neutralise les effets du remède. Mais si l'on a à traiter une blennorrhée succédant à une blennorrhagie vierge de tout traitement par le Santal, on retirera de cette substance les effets les plus utiles. M. Panas prétend même que dans presque tous les cas, une blennorrhagie aiguë peut être conduite à guérison parfaite par le Santal, qu'il s'agit seulement, lorsque l'écoulement tend à se prolonger et à devenir chronique, d'élever fortement les doses.

Mais « si l'emploi du copahu se borne presque à une seule maladie, si la térébenthine passe pour le remède spécifique du catarrhe de la vessie (1) », le Santal, réunissant les propriétés de ces deux substances, exerce à la fois son action sur l'uréthrite et sur la cystite.

Cela vient même à l'appui de la thèse que nous soutenions tout à l'heure, à savoir qu'il faut administrer le Santal pendant la période même d'acuité, à moins de phénomènes inflammatoire extraordinaires. Souvent, en effet, l'inflammation de la vessie et du col de la vessie est le résultat de la propagation de l'inflammation uréthrale, et c'est surtout dans les blennorrhagies très intenses que se produit cette extension de la blennorrhagie jusqu'à la vessie (2). Or, dans cette cystite concomitante d'une blennorrhagie, l'essence de Santal est encore d'un excellent usage. C'est même dans ce cas qu'elle est employée

(1) Trousseau et Pidoux.
(2) Vidal de Cassis.

avec le plus de succès par MM. Simonnet, Panas et Caudmont. Dans l'inflammation *idiopathique* de la vessie, le Santal amène encore de très bons résultats. Mentionnons aussi la cystite chronique, qu'ont pu vaincre parfois de fortes doses d'essence de Santal.

Ici se présentent différentes indications : si la cystite accompagne une blennorrhagie, traiter d'emblée après les quelques précautions que nous indiquons plus haut ; si la cystite est idiopathique, diverses mesures doivent être prises : alors, il est bon d'employer les moyens antiphlogistiques, avec cette remarque cependant, qu'ils peuvent concorder avec l'emploi parallèle du Santal.

Nous ne présentons encore qu'une observation de cystite, aiguë, pseudo-membraneuse, suite lointaine de blennorrhagie, mais non accompagnée de cette affection. Toutes ces observations se ressemblent à peu de choses près ; le traitement a été identique : bains, tisanes de bourgeons de sapin, sangsues dans quelques cas, purgation au début, — et Santal.

Cystite aiguë pseudo-membraneuse. — B..., 25 ans, garçon d'hôtel, a eu en janvier 1874 une blennorrhagie très aiguë.

Le 10 mai, fait des excès de boisson et se fatigue beaucoup : le lendemain, douleurs légères en urinant ; besoins d'uriner pas plus fréquents que de coutume.

Le 18, mictions bien plus fréquentes, très douloureuses, un peu d'hématurie.

Le 22, à son entrée à l'hôpital, on constate : la verge est en une demi-érection permanente ; l'urine, légèrement trouble, s'échappe goutte à goutte avec cuisson assez vive du canal ; pas de blennorrhagie ; mictions involontaires, très douloureuses toutes les demi-heures ; l'urine contient des débris de fausses membranes et quelques gouttes de sang.

Le malade est constipé, n'a plus d'appétit ; pas de fièvre.

Traitement.— Bains prolongés ; sangsues au périnée ; suppositoire belladoné ; purgatif ; tisane de bourgeons de sapin : *12 capsules de Santal.*

Le 25, urine s'écoulant toujours goutte à goutte ; mictions toujours difficiles, mais moins douloureuses ; quelques fausses membranes, quelques gouttes de sang encore : 12 capsules Santal.

Le 28, plus de douleurs ; on sonde le malade : canal normal ; *vives douleurs au niveau de la prostate par le passage de la sonde ;* peu d'urine dans la vessie : continuation du Santal.

Le 1er juin, plus d'incontinence d'urine ; douleurs légères en urinant ; plus d'hématurie ; urine très claire.

Le 6, plus de douleurs en urinant ; mictions normales ; guérison.

Ici, la cystite était très intense et probablement compliquée de prostatite.

Cependant, si nous examinons la marche de l'amélioration, nous voyons d'abord disparaître en *trois jours* presque complétement la douleur ; les hématuries sont moins fréquentes ; après six jours, bien qu'il y ait encore des hématuries légères, toute trace de douleur a disparu.

Au bout de neuf jours, les hématuries et l'incontinence d'urine disparaissent ; la miction éveille à peine la sensibilité de l'urèthre. Quinze jours après son entrée, le malade quitte l'hôpital complétement guéri.

Ainsi, dans la cystite blennorrhagique ou idiopathique, aussi bien que dans l'uréthrite, l'amélioration produite par l'essence de Santal est très rapide. Dans presque tous les cas, deux ou trois jours suffisent pour supprimer les hématuries, le nombre des mictions, la douleur, etc. Huit à quinze jours de traitement amènent la guérison.

Nous disions plus haut que la cystite, relatée par l'observation que nous reproduisons, était probablement compliquée de prostatite. Nous voyons, en effet, que la sonde provoque une douleur assez vive dans la portion prostatique de l'urètre, ce qui, au milieu d'un catarrhe uréthral et vésical, est un symptôme de prostatite (1). M. Caudmont, du reste, nous a

(1) Vidal de Cassis.

affirmé que dans cette sorte de complication l'essence de Santal a été entre ses mains d'une réelle utilité. Cet honorable praticien a bien voulu même nous indiquer une autre circonstance où il a dû se louer du Santal. C'est dans le rétrécissement de l'urèthre avec inflammation partielle de la muqueuse.

On doit se demander également si le Santal ne serait pas une ressource utile dans la pyélo-néphrite. Il est à désirer que les expériences soient faites dans ce sens.

Le Santal exerce-t-il une action sur les voies respiratoires ? Le fait est fort probable. Nous regrettons de n'avoir point eu le temps de faire porter notre étude sur ce point. Ajoutons, à ce sujet, que les botanistes anciens, ceux-là mêmes qui ignoraient l'action spécifique du Santal contre la blennorrhagie, le regardaient comme préservatif des rhumes dans les saisons froides et humides (1).

Nous devons à l'obligeance de M. le professeur Gubler de pouvoir indiquer un nouvel et très intéressant emploi de l'essence de Santal contre une maladie chronique des plus rebelles. Dans le cas qu'il a bien voulu nous signaler, il s'agissait d'une entérite chronique, avec ulcérations de la muqueuse intestinale, entérite contractée dans les pays chauds, contre laquelle tous les traitements avaient échoué : l'essence de Santal amena une guérison pour ainsi dire parfaite. L'effet heureux de cette substance s'explique ici par son mode d'élimination (élimination par les muqueuses et par la peau), et surtout par ce fait, que l'essence de Santal, plus ou moins modifiée pendant son séjour dans l'estomac et les premières portions du tube intestinal, n'est pas absorbée en totalité et passe

(1) Hoffmann, loc. cit.

en partie avec les fèces, agissant ainsi localement sur l'intestin, et sur les ulcérations intestinales.

En terminant ce qui a rapport à la thérapeutique, signalons une nouvelle série d'expériences à tenter. On a voulu guérir la blennorrhagie par des injections d'eau chargées de principes balsamiques, l'eau de goudron, par exemple (Langlebert). Ce qui a été fait pour ces substances doit être fait pour le Santal. Ce n'est pas cependant que nous croyons à un résultat des plus favorables.

Reste aussi à essayer par le Santal les curations de blennorrhagies vaginales, selon la méthode de M. Hardy, qui consiste à injecter dans la cavité vaginale les urines mêmes des malades, chargées de principes balsamiques.

Mais, où cette application peut être d'une bien plus grande utilité, c'est en ce qui concerne la cystite. En effet, diverses tentatives assez heureuses ont été faites dans le but de traiter les cystites en injectant dans la vessie un liquide chargé de principes balsamiques. Ces tentatives datent de loin : Dupuytren, d'après le dire de Trousseau, fit autrefois des essais avec l'eau de goudron ; Souchier de Romans se sert de Copahu, M. Duvergier aîné également. De l'eau distillée de copahu est injectée dans la vessie, et modifie, paraît-il, heureusement les conditions où se trouve, dans la cystite, la muqueuse vésicale. L'essence de Santal, appliquée de la sorte, est appelée, croyons-nous, à rendre de grands services.

Sous quelle forme et à quelle dose faut-il administrer l'essence de Santal ?

Henderson, qui le premier en fit usage, en donnait à ses malades 25 à 30 gouttes, trois fois par jour, dissoutes dans trois parties d'alcool rectifié, le tout aromatisé avec un peu d'essence de cannelle. Cette préparation, que le médecin anglais prétend

« être agréable au goût et à l'estomac », nous paraît devoir être abandonnée ; il nous semble difficile que la saveur très prononcée du Santal puisse se trouver suffisamment masquée par les quelques gouttes d'essence de canelle qu'on introduit dans le mélange.

Nous avons, du reste, à notre disposition une préparation qui jouit de la faveur universelle, les capsules gélatineuses, dont l'enveloppe n'est dissoute que par les liquides de l'estomac.

Ces capsules très bien préparées, avec une essence de Santal très pure, par M. Paul Petit, dont nous avons eu plusieurs fois l'occasion de citer le nom dans ce travail, constituent un médicament des plus utiles ; chaque capsule contient très exactement 0,40 centigr. d'huile essentielle ; il est donc très facile de doser son médicament.

Quant à la dose d'essence qu'il faut donner, elle varie suivant les affections auxquelles on s'adresse :

Dans la blennorrhagie aigue, voici le mode d'administration que nous proposons : dès que la blennorrhagie est bien confirmée (à moins de phénomènes inflammatoires très intenses), nous donnons 10 à 12 capsules, c'est-à-dire 4 à 5 grammes d'essence de Santal ; le lendemain et le surlendemain nous augmentons la dose de 1 gramme ou 1 gramme 50 ; et le quatrième jour, alors que l'écoulement est réduit à un suintement séreux, nous diminuons progressivement, jusqu'à la dose de 4 capsules par jour ; 100 capsules suffisent ordinairement pour amener une amélioration considérable, souvent la guérison.

Les capsules de Santal doivent être prises en deux fois, au moment des repas ; 5 ou 6, un quart d'heure avant le déjeuner, autant un quart d'heure avant le diner.

Dans le traitement de la cystite du col, nous donnons encore 10 ou 12 capsules dès le premier jour et nous continuons, pendant 8 ou 10 jours, jusqu'à ce que les accidents s'amendent ou disparaissent complètement.

Dans la blennorrhée nous croyons, avec M. Panas, que la dose d'essence à administrer doit être considérable ; il faut agir violemment sur la muqueuse uréthrale, rendue peu impressionnable par un écoulement souvent fort long ; c'est dans ce cas que 15 et même quelquefois 20 capsules, données d'emblée, pourront agir d'une façon utile.

Nous avons jusqu'ici démontré l'efficacité de l'essence de Santal : nous avons prouvé que son action était égale, sinon supérieure à celle du baume de Copahu. Tout en traçant l'action physiologique du Santal, nous avons dû montrer un coin des inconvénients que l'on rencontre chaque jour dans l'emploi du Copahu ; nous n'en reproduirons pas le tableau complet. Qui ne le connaît, du reste ? Répugnance extrême à prendre le médicament, renvois nauséabonds, haleine « plus redoutée par celui qui l'exhale que par celui qui la flaire », a dit avec esprit M. le professeur Gubler, maux d'estomac, inappétence, diarrhée, constipation opiniâtre ; voilà quels sont les ennuis qui attendent le malade soumis à un traitement par le Copahu. Par son odeur si spéciale, n'est-ce pas, en quelque sorte, un médicament accusateur ? Si dans une maison (que de gens pourraient l'affirmer !) quelqu'un atteint de blennorrhaghie, est traité par le Copahu, l'urine de la nuit ne décèle-t-elle pas à coup sûr le secret à ceux qui entourent le malade ? Inutile d'insister sur les ennuis que peut causer semblable révélation. Cet inconvénient n'existe pour ainsi dire plus avec le Santal, qui ne rend les urines que faiblement odorantes, odeur, du reste, bien moins caractéristique et pouvant donner le change très facilement, d'autant plus que l'essence de Santal peut être employée dans différentes maladies, dont l'origine n'est point suspecte au même titre que la blennorrhagie.

Nous demandons encore la permission de citer un passage de Trousseau, où il est prouvé que ce maître s'était profondément inquiété des difficultés que rencontre parfois l'emploi du Copahu. « Le Copahu, dit Trousseau, est un remède utile. Toutefois, il échoue trop souvent dans le traitement de la blennorrhagie. Disons aussi que, losqu'on s'opiniâtre dans son emploi, les malades finissent par contracter des dyspepsies et des gastrites d'une curation très difficile....... Les malades atteints de blennorrhagie, qui prennent longtemps du Copahu, maigrissent, pâlissent et conservent souvent les traces trop durables de cette sorte d'intoxication. (1) »

Quel meilleur plaidoyer pouvons-nous invoquer en faveur du Santal? Le Copahu est le remède populaire de la blennorrhagie : il s'agit de lui voir substituer tôt ou tard, dans la pratique, l'essence de Santal. Cette substance sera-t-elle la panacée universelle et infaillible de l'uréthrite? Non, certes ; il est, et il sera des insuccès avec cette substance, comme il en est avec le copahu, avec le cubèbe, avec les injections : mais, nous le répétons, son succès légitime sera bientôt à l'ordre du jour, car son emploi aura non seulement pour but de guérir, mais de guérir en substituant à un traitement toujours difficile et toujours fatigant, une médication facile et des plus supportables.

Il existe une objection : mais le prix du Santal est élevé. Cette objection est trop réelle. Pour le moment, nous nous contentons de souhaiter, d'espérer même que le prix en deviendra bientôt moins considérable. On sait, du reste, que l'é-

(1) Trousseau et Pidoux, v. loc. cit.

coulement facile d'un produit influe sur sa valeur par suite de la fabrication qui s'accroît : cette loi industrielle sera vraie pour le Santal. Qui sait même si des hommes entreprenants ne trouveront pas là une source légitime de fortune, d'autant plus légitime qu'ils n'auront pas été sans rendre un service à l'humanité ?

www.ingramcontent.com/pod-product-compliance
Ingram Content Group UK Ltd.
Pitfield, Milton Keynes, MK11 3LW, UK
UKHW020329220726
13923UKWH00003B/1450

9 782019 251987